Género Ficción histórica

Pregunta esencial
¿De qué modo contribuyen los distintos grupos a una causa?

LOS DISCOS de la señora Gleeson

Autor Sandy McKay
Ilustrador Tim Jones

Capítulo 1
Un país en guerra

Andrew corría hacia la reunión de los niños exploradores. Se suponía que debía estar en la alcaldía diez minutos antes. Todo era culpa de su hermanita que había necesitado ayuda para amarrarse los cordones, y mamá aún estaba en el trabajo. Ernie, su mejor amigo, probablemente ya se había ido sin él.

"La calle se ve tan desocupada hoy", pensó Andrew. Pero todo era diferente en aquellos días. Nada había vuelto a ser igual desde que la guerra había comenzado. Era 1943 y la gente solo pensaba en la Segunda Guerra Mundial.

Hacía un año, su papá había dejado su trabajo para alistarse en el Cuerpo de Marines. Mientras Andrew corría en la calle, recordaba esa terrible escena de despedida.

Su papá estaba parado frente a él con su impecable uniforme nuevo. Andrew se sentía incómodo, inseguro de qué hacer. La mamá sostenía la mano de Emily. El abuelo permanecería en el cobertizo y no saldría a despedirse.

El papá estiró el brazo y estrechó la mano de Andrew.

—Hasta pronto, hijo —dijo.

A Andrew se le hizo un nudo en la garganta.

—Sí —dijo, haciendo su mejor esfuerzo para no llorar.

—Prométeme que me escribirás —dijo el papá, soltando finalmente la mano de Andrew.

—Sí —dijo Andrew.

Y así como así, su papá se fue.

La siguiente semana, Andrew le envió una carta. No había sido fácil encontrar las palabras correctas.

Querido papá:

Hoy jugué damas con Emily después de la escuela. Te gustará saber que, para variar, la dejé ganar. También le ayudé al abuelo en el huerto a sacar las zanahorias. Espero que estés bien en el campo de entrenamiento.

¡Te extraño!
Tu hijo, Andrew

El hogar de los Carson estaba silencioso estos días. La mamá trabajaba en una planta ensambladora de automóviles y el abuelo prácticamente se había ido a vivir a su huerto.

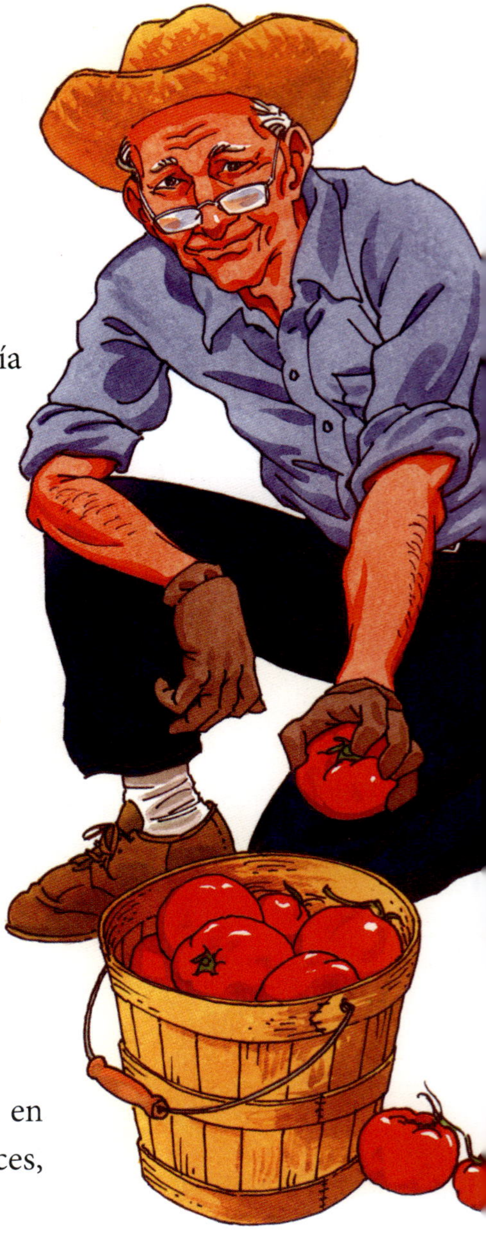

Con el tiempo el huerto se hacía más grande y ahora ocupaba casi todo el jardín trasero. El abuelo marcaba cuidadosamente las hileras con estacas de madera y las plantas se alineaban derechas como soldados: tomates, repollos, zanahorias, cebollas, espinacas y calabazas.

Este año, el abuelo había plantado lo suficiente como para abastecer con hortalizas a la mitad del vecindario. A veces, le llevaba un balde repleto de tomates a un vecino y con frecuencia, el vecino los preparaba en conservas y se los devolvía. Entonces, los Carson llevaban los frascos a la alcaldía para venderlos en la venta semanal de productos agrícolas y de panadería de los niños exploradores. El dinero recaudado con las ventas se destinaba a la causa de la guerra.

Los niños exploradores también se reunían en la alcaldía. Andrew atravesó corriendo la puerta justo cuando el señor Dalwinkle, el jefe del grupo, comenzaba a hablar.

—Hoy tengo un anuncio especial —les dijo, levantando un cartel—. Estoy seguro de que todos habrán visto alguno de estos.

El cartel era una publicidad para las colectas de desechos. "Guarde su chatarra para la victoria", decía. El que estaba en el almacén decía, "Sartenes y ollas para el tío Sam".

Todos significaban lo mismo. Los recursos eran escasos, así que las personas reciclaban cualquier cosa posible. Una amplia diversidad de materiales se podían fundir y reusar para fabricar municiones. La chatarra se usaba para construir equipo militar. El papel era útil para empacar balas. El caucho también tenía gran demanda, junto con las latas vacías de aluminio, las medias de seda, la ropa vieja, grasa de cocina y casi cualquier otra cosa imaginable.

—La próxima semana vamos a hacer nuestra primera colecta —dijo el señor Dalwinkle—. Todos debemos participar. Necesitaremos voluntarios.

AHORA COMPRUEBA

¿Qué cambios grandes han ocurrido en la familia de Andrew desde que comenzó la guerra?

Capítulo 2

Colecta de desechos

—¿Puedo usar la carreta vieja para la colecta de chatarra y cosas viejas? —preguntó Andrew a su abuelo el día siguiente.

—Solo si reparamos la rueda primero —contestó el abuelo.

Cuando estuvo lista Andrew quiso probarla.

—Usa la carreta para llevar estos tomates a la casa de la señora Gleeson, si te parece. Ella vive en el número 54.

Andrew sabía dónde vivía la señora Gleeson. Ella hacía los mejores tomates guisados y le encantaba la música. Con frecuencia, cuando Andrew pasaba por su casa, la música de su tocadiscos salía por la ventana y él la veía bailando.

Andrew puso los tomates y montó a Emily en la carreta. Los remolcó calle abajo hasta el número 54.

—¡Más tomates! —gritó la señora Gleeson con deleite—. ¡Qué maravilla!

Invitó a los niños a entrar y les sirvió limonada. Mientras le servía un vaso a Andrew, le preguntó qué música le gustaba.

—No estoy muy seguro —respondió tímidamente.

—¿Has escuchado a las hermanas Andrews? —preguntó la señora Gleeson.

Cuando contestó que no, la señora Gleeson exclamó que él tenía que escuchar su disco nuevo.

La señora Gleeson llevó a Andrew y Emily hasta la sala. En la esquina había un tocadiscos. Los Carson no tenían tocadiscos, pero Andrew había visto uno en la casa de la abuela de Ernie. Al lado del armario había una pila pequeña de discos. La cubierta del disco de encima mostraba una fotografía de tres damas vestidas de soldados.

—Andrew Carson, ¡te presento a las hermanas Andrews! —anunció la señora Gleeson.

Con gran emoción puso el brillante disco negro sobre el tornamesa. Emily se rio y Andrew observó la aguja sobre los surcos mientras el disco giraba. La señora Gleeson tomó la mano de Emily y empezó a bailar.

Durante la siguiente media hora escucharon el disco. Andrew pensó que la mejor canción era “Boogie Woogie Bugle Boy”.

—¿No te parece que las hermanas Andrews te hacen mover el esqueleto? —preguntó la señora Gleeson.

Aunque Andrew prefería que sus huesos se quedaran en su lugar, entendió lo que la señora Gleeson quería decir. También podía ver por qué a ella le gustaba tanto su tocadiscos.

—¿Sabes qué pienso? —dijo la señora Gleeson poniendo el disco nuevamente en la funda—. Este disco es más que un círculo negro brillante. Alguna vez, cuando esta guerra terrible termine, las personas escucharán esto y sabrán que mantuvimos nuestro espíritu en alto. ¡Entenderán que esta música fue importante para nuestra supervivencia! ¿Ves?

Cuando se iban, Andrew le contó a la señora Gleeson sobre la colecta de desechos del siguiente sábado.

—Sí, he visto los carteles —dijo la señora Gleeson—. Veré qué puedo encontrar.

Luego, le sonrió a Andrew y agregó:

—Es importante que todos hagamos una contribución.

AHORA COMPRUEBA

¿Qué le llevó Andrew a la señora Gleeson?

Capítulo 3
Andrew dice una mentira

Andrew se despertó temprano el sábado. Estuvo ansioso toda la semana porque era la primera colecta de los niños exploradores. Incluso le había escrito a su papá al respecto. Afuera de la alcaldía, otros niños exploradores esperaban al señor Dalwinkle. Algunos habían llevado carretas, remolques y otros se ofrecieron como voluntarios.

A Andrew y Ernie los pusieron en grupo con Sean Millar y John McDonald. El señor Dalwinkle les indicó que debían comenzar en el número 78, recorrer la calle hacia abajo y luego regresar por el otro lado. En el número 78, la señora Juanes tenía latas de aluminio para donar.

—Las he guardado durante siglos —dijo la señora Juanes y les contó que su hijo William se había alistado como recluta en la fuerza aérea. Ella añoraba que la guerra terminara y que él regresara sano a casa.

—Supongo que cada granito de arena cuenta —dijo el señor Onslow, vecino de la señora Juanes, que caminaba con un bastón. Él les entregó una lata grande de grasa.

—Quien guarda siempre tiene. Es mi lema —dijo Jack McNamara en el número 64, y les dio un par de botas impermeables gastadas.

Detective del lenguaje

La palabra subrayada es un pronombre complemento. Se refiere al papá de Andrew. Busca otro en esta página. ¿A quién se refiere?

Los muchachos apilaron los desechos en la carreta y siguieron calle abajo. Las personas donaban todo tipo de cosas. La señora Marshall salió del número 62 con un contenedor de botellas de refresco vacías. El señor Rodgers tenía para donar lo que parecían ser los periódicos de todo un año.

Dos casas más adelante estaba la de la señora Gleeson. Hoy, <u>ella</u> tenía una flor púrpura detrás de su oreja izquierda.

—No tengo latas de estaño ni periódicos dijo—, pero tengo algo que puede ser útil.

Sacó una pila de discos amarrados con una cuerda. El corazón de Andrew se detuvo: él reconoció los discos de inmediato. Las hermanas Andrews estaban justo encima.

—He escuchado que la laca que hay en estos discos está siendo difícil de conseguir —dijo la señora Gleeson.

Andrew odiaba la idea de que la señora Gleeson se deshiciera de los discos que tanto quería.

Detective del lenguaje

La palabra subrayada es un pronombre personal. Se refiere a la señora Gleeson. Busca otro pronombre personal en esta página. ¿A quién se refiere?

—No creo que estén aceptando estos por el momento —dijo rápidamente Andrew.

—¿Por qué dijiste eso? —preguntó Ernie cuando salieron del jardín de la señora Gleeson.

—No podemos quitarle su música —trató de explicar Andrew—. La señora Gleeson adora esos discos.

—Pero se necesita la laca para la guerra —dijo Ernie.

—No es correcto —dijo Andrew en un murmullo.

La siguiente colecta estaba programada para dentro de dos semanas. A Andrew no le gustaba decir mentiras, pero necesitaba salvar la preciada colección de música de la señora Gleeson.

El día de la colecta llovió y los exploradores corrieron de una puerta a la otra tan rápido como pudieron.

Andrew corrió a la de la señora Gleeson para interceptarla cuando ella sacaba otra vez sus discos.

—¿Ahora sí los están recibiendo? —preguntó la señora Gleeson.

—Creo que no —mintió Andrew.

Y salió corriendo antes de que ella pudiera ver el nerviosismo en su cara.

AHORA COMPRUEBA

¿Por qué Andrew se rehusó a recibir los discos de la señora Gleeson?

Capítulo 4

Regresan los viejos amigos

La siguiente vez que Andrew y Ernie visitaron a la señora Gleeson en sus rondas de colecta, Ernie se le atravesó a Andrew. La señora Gleeson le entregó su caja de discos. Andrew estaba a punto de explicar que no los podían aceptar cuando se asustó con una voz áspera que venía de atrás.

—¡Se supone que aceptamos todas las donaciones, muchachos!

Era el señor Dalwinkle. El jefe de los exploradores los había seguido por el camino. Miró con ceño fruncido a Andrew.

—Ayer en el pueblo hablé con la señora Gleeson y me dijo que era una lástima que no estuviéramos recibiendo discos de laca.

La cara de Andrew estaba encendida. Trató de balbucear una explicación.

—Bueno, eh…

Antes de que terminara, la señora Gleeson le tocó un brazo. —Eres un niño muy dulce, pero he disfrutado estos discos. Ahora es el momento de darles mejor uso.

—Sé que tu intención era buena —dijo el señor Dalwinkle—, ¡pero los niños exploradores nunca dicen mentiras, ni siquiera mentiras piadosas!

Andrew se sentía avergonzado por haber mentido y también sentía tristeza al pensar que fundirían los discos de la señora Gleeson. Además, extrañaba el sonido de la música saliendo de su casa. Una vez, la escuchó silbando "Boogie Woogie Bugle Boy" en el jardín de enfrente. Silbar estaba bien, pero no era lo mismo. Además, ¿cómo podrías silbar y bailar al mismo tiempo?

La guerra seguía y seguía. Andrew mantuvo su promesa y le escribía a su papá siempre que podía. A veces su padre le contestaba, pero sus cartas no decían mucho sobre dónde estaba o qué hacía. "Tal vez participa en operaciones supersecretas", pensó.

Andrew y su mamá se mantenían enterados de las noticias de la guerra escuchando el boletín de la radio. Al abuelo no le importaba pues decía que mientras su hijo estuviera a salvo, prefería no saber nada más.

Ahora había menos donaciones y menos colectas. Aun así, la señora Gleeson saludaba a Andrew cada vez que el joven pasaba por su casa con la carreta.

Finalmente, un glorioso día de agosto de 1945, se declaró el final de la guerra. Por fin la vida podría regresar a la normalidad. Después de tres años de servir con los Marines, el papá regresaría a casa en septiembre: justo a tiempo para el decimoquinto cumpleaños de Andrew.

Un día Andrew encontró una nota en el buzón. Era de la señora Gleeson, quien estaba invitando a los Carson y a Ernie y al señor Dalwinkle, a una reunión en su casa. Andrew quedó intrigado por el último renglón: "Hay algunos viejos amigos que les quiero presentar".

El sábado, Andrew, su mamá, el abuelo y Emily llegaron a la casa de la señora Gleeson junto con Ernie y el señor Dalwinkle.

Después de comer algo, la señora Gleeson los condujo a la sala. El tocadiscos estaba en su antiguo rincón.

La señora Gleeson sacó un brillante disco negro de su funda y lo puso con delicadeza en el tornamesa. Le guiñó un ojo a Andrew:

—¿Adivinas quiénes son? —preguntó.

—¡Las hermanas Andrews! —gritó Andrew, riendo.

—Encontré otra copia en el almacén de cosas usadas la semana pasada. ¡Es hora de mover el esqueleto! —exclamó la señora Gleeson, tomando su mano.

Andrew decidió que no dejaría los huesos en su puesto. Para cuando "Boogie Woogie Bugle Boy" había terminado, ¡hasta el señor Dalwinkle había bailado como loco!

AHORA COMPRUEBA

¿Por qué bailan todos al final del relato?

Respuesta a la lectura

Resumir

Usa los detalles más importantes de *Los discos de la señora Gleeson* para resumir el relato. Usa el organizador gráfico como ayuda.

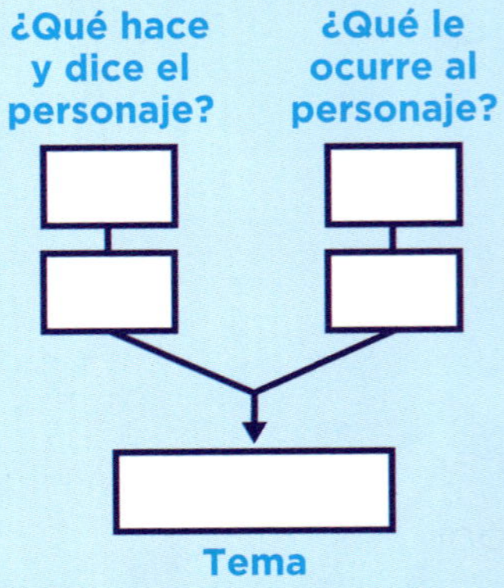

Evidencia en el texto

1. ¿Qué características del texto te ayudan a identificarlo como ficción histórica? **GÉNERO**

2. ¿Qué significa para la señora Gleeson su contribución a la colecta de desechos? ¿Qué dice eso sobre los grandes esfuerzos? **TEMA**

3. La palabra *reusar*, en la página 5, suena igual a *rehusar*. Pero tienen significados diferentes. ¿Qué significa *reusar*? Usa claves de contexto. Luego, encuentra otro par de homófonos en la página 8. **HOMÓFONOS**

4. Escribe por qué las personas del relato querían ayudar a la causa de la guerra contribuyendo con las colectas. ¿De qué manera la autora usa estas razones para transmitir el tema? Usa detalles del texto en tu respuesta. **ESCRIBIR SOBRE LA LECTURA**

Género Texto expositivo

Compara los textos

Lee cómo las colectas de desechos ayudaron a Estados Unidos durante la Segunda Guerra Mundial.

Colectas de desechos y libretas de racionamiento

Cuando Estados Unidos entró a la Segunda Guerra Mundial, a finales de 1941, todo el país se había unido por una causa común. Algunos carteles pedían a las personas dar “sartenes y ollas para el tío Sam”. Otros decían “Guarde su chatarra para la victoria”. Cosas como gasolina, aceite y algunos productos alimenticios se necesitaban para el ejército. Las personas ahorraban y reciclaban lo indispensable.

El racionamiento se estableció para distribuir los recursos en forma justa. Cada persona tenía una libreta de racionamiento llena de cupones. Hacia 1943, los cupones eran necesarios para comprar, desde alimentos como carne, queso y mantequilla hasta ropa y gasolina. La producción de algunos artículos, como los refrescos, se detuvo. Las personas sembraban huertos de hortalizas para aumentar la provisión de alimentos.

Esta pila de utensilios de cocina se recolectó para ayudar a la causa de la guerra.

El presidente Roosevelt pidió a los ciudadanos que donaran artículos domésticos a las colectas de objetos viejos y usados. Cualquier cosa hecha de caucho, estaño, papel o aluminio tenía mucha demanda. El estaño de las latas se reusaba de varias maneras para fabricar aeronaves.

La grasa de cocina se usaba para hacer explosivos. Tres libras de grasa daban suficiente glicerina para fabricar una libra de pólvora. Los grupos de niños exploradores recibían latas especialmente preparadas para recolectar la grasa en sus vecindarios.

Los abrigos viejos de piel se convertían en chalecos para las fuerzas armadas. Con medias de nailon y seda se fabricaban bolsas para la pólvora, paracaídas y sogas. Cada mes se usaban miles de toneladas de papel para empacar las balas.

Esta fotografía, tomada en 1942, muestra los camiones que transportaban cargas de caucho desechado para la causa de la guerra.

Las campañas pedían que los niños llevaran a la escuela cualquier cosa hecha de caucho. Incluía neumáticos viejos, botas impermeables, mangueras de jardín, suelas de zapatos y gorros de baño. Los niños exploradores organizaron jornadas para recoger materiales de desecho en todo el país.

Después de la Gran Depresión de 1930 a 1939, muchas personas se acostumbraron a hacer sacrificios. Durante la Segunda Guerra Mundial, los estadounidenses aceptaron el racionamiento y ayudaron con gusto.

La mina de caucho de Dayton

Antes de la guerra, el 90% del caucho de Estados Unidos provenía de plantaciones ubicadas en las Indias Orientales Neerlandesas. Este suministro se interrumpió cuando Japón se apoderó del control de esta región.

En Dayton, Ohio, los niños exploradores descubrieron una "mina de caucho". Una fábrica que moldeaba caucho había botado montones de recortes de este material. Los niños exploradores desenterraron miles de libras de recortes; también aprendieron a quitarles las suelas de caucho a los zapatos que donaban las personas.

¿? Haz conexiones

¿De qué manera los artículos y la chatarra mencionados en *Colectas de desechos y libretas de racionamiento* ayudaron a la causa durante la Segunda Guerra Mundial? **PREGUNTA ESENCIAL**

Usa lo que aprendiste en ambos textos para explicar por qué las personas estaban dispuestas a recolectar chatarra y otros desechos y a entregar pertenencias valiosas durante la Segunda Guerra Mundial. **EL TEXTO Y OTROS TEXTOS**

Enfoque:
Elementos literarios

Escenas retrospectivas Las escenas retrospectivas se usan en ficción y en no ficción. Son partes del texto que cuentan lo que ocurrió en un tiempo anterior al tiempo en que ocurre el relato o el artículo principal. Las escenas retrospectivas dan información sobre un personaje o suceso, o muestran qué pasó antes.

A menudo, el escritor le permite al lector saber que el relato va a retroceder en el tiempo cuando hace que un personaje se detenga para volver a contar o a recordar el pasado. Una escena retrospectiva puede ser larga o corta. Puede estar en un capítulo aparte o ser parte del texto principal.

Lee y descubre En la página 2 de *Los discos de la señora Gleeson*, Andrew recuerda cuando su papá se fue a la guerra. La siguiente página tiene una breve escena retrospectiva que describe su despedida como si ocurriera en el presente.

Tu turno

Piensa en Andrew y en el trabajo que hace para ayudar a la causa durante la Segunda Guerra Mundial. Sería muy viejo si aún estuviera vivo. ¿Qué pensaría sobre las colectas de desechos y las personas que conoció en esa época?

Escribe una breve escena retrospectiva para describir qué siente Andrew sobre su contribución a la causa estadounidense durante la guerra.